JN439194

바이칼

강우식 연가곡 시집

무심하고 평범한 일상에서
그 하루하루가 정으로 때묻고 흘러
내 영원한 사랑의 역사가 된
아내 김일지에게 이 시집을 삼가 바칩니다.

지은이로부터 1

무너지는 아픔 없이 어이 시를 쓰랴.
그런 사내와 산 여자의 하늘이
참고 견디다 못해 한 발 먼저 무너졌다.
그 무너짐 속에는 시뿐 아니라
사랑으로도 다스릴 수 없는 패륜아 같은
사내의 술과 계집과 도박도 있었다.

가진 거라고는 시밖에 없는 가난한 사내가
그 시를 가지고 속죄처럼
아내와의 못다 한 사랑이 너무 슬퍼서
(이 세상 다하고 충만한 사랑이 어디 있으랴.)

죽기 전에 꼭 내고 싶었던
〈바이칼〉연가곡 시집을 여기 남긴다.

나머지 한 가닥 生의 끝자락은
봄볕 따라 흐르다 끝나면 되겠다.

2019년 초록 윤기 흐르는 5월에

果山老人 강우식

지은이로부터 2

순결한 자작나무 숲이 피톤치드의 숨결을 내뿜고
어머니의 탯줄 같은 강
바이칼 호수의 하늘빛 맑은 물은
우랄알타이 족의 생명의 시원.
시베리아 대지의 자궁이다.

이 땅 한반도의 어머니의 어머니가 그러했듯이
옛적부터 흘러 흘러내려온 핏줄 같은 물줄기를 따라
아내여, 나는 다시 한 마리 회귀어回歸魚처럼
그대를 바이칼 푸른 물결로 돌려보낸다.
그대는 내 영원한 바이칼이기 때문이다.

2019년 鎭魂의 푸른 물결 바이칼에서

水兄散人 강우식

■ 차례

서시-아내를 추억하는 칸타타

아내는 살아 숨 쉬는 돌이고 흙이다.
나와 한평생을
하늘의 별똥별로 흐르다
갑자기 귀환하는 스타트랙처럼 떨어져
바이칼의 물이 되었다.

찾지 않으리, 찾지 않으리.
어느 물길에 떨어져 흐른다한들
찾지 않으리 다짐하면서도
찾지 않을 수 없는
허전한 이 마음을 어이하리.

봄이 와 눈 없어도
눈 한 됫박 갖다 주세요 하면
없는 눈 대신
팝콘 한 봉지라도 사다 줄 여자.

뜬생각 살 파고 들면 구름 불러 쫓고
산채 돋으면 햇것이라 서로 먹여주고

살아가다 사랑도 때 묻을라치면
개울가에 나가 해종일 무명옷을 빨았다.

십오야 둥두렷이 달 뜬 날 밤에
젖물 나듯 잦은 눈물로 살은 가시내
봄 풀잎 하나라도 약될 것 같애
주인도 없이 아기를 낳네.

틀이 같은 초승달이 한 개만 떠서
한 돈이나 한 돈반쯤이면 맑게 웃을
초하루나 이튿날의 내 가난한 계집의 꿈은
봄 잎 초록 눈 트는 소리에 뜬눈으로 새우네.

느릅나무 향나무 이깔나무들
계집같이 안 잊히는 때는 어느 때인가.
백일홍 복숭아 꽃숭어리들
가슴 결에 피어나는 때는 어느 때인가.

바다여, 때 묻히며 질들이던 오지그릇처럼

우리 내외의 살결은 팔월 땡볕에 타다 익네.
이 물녘선 살아가다 찌들은 사연도 박하 잎처럼
싱그럽고, 난 그대 얼굴을 새사람 보듯 했네.

장대비 속으로 그녀를 가랑잎
하나만도 아니게 떠나보내고
문 닫고 들어서니 가슴을 찌르는 빗소리
어느덧 내 인생에도 비가 있었구나.

가을에는 긴긴 머리를 풀게 하소서.
붉디붉은 살점 뚝뚝 떨어져 단풍지는
가을에는 죄의 치렁치렁한 머리칼을
삭발하고 목 놓아 울게 하소서.

가을 풀벌레들을 주워 다 뜨락에 놓고
못다 울며 산 것의 한 열배쯤
또 울며 이어온 목숨의 두 갑 절쯤
마른 내 마음 바닥에 놓고 울게 하소서.

사랑하는 사람아, 눈이 푹푹한 해질녘이면
마른 솔가지 한 단쯤 져다놓고
그대 아궁이에 불을 지피고 싶었다.
저 소리 없는 눈발들이 그칠 때까지….

눈 녹아내리는 봄 개울물을 떠다놓고
아내의 두 발을 말갛게 씻어줬다.
올챙이처럼 꼼지락대며 부끄러워하는
열 개의 발가락, 그러거나 말거나 나는 무위자연.

바람의 순리대로 쓸리는 풀잎이듯
잠결에도 아내 쪽으로 돌아눕는다.
무심으로 하는 이 하찮은 일들이
오늘은 내 미처 몰랐던 사랑이 된다.

이제 어떤 여자를 만나도 면벽이다.
동해를 떼어다가 집의 한 쪽 벽을 삼는다.
오대산을 들어서는 지붕으로 올린다.
어떠한 산이나 물도 그리워 할 것이 없다.

바이칼에 가며

아내는 바이칼의 딸이었다.
바이칼의 물에서 태어나서
우랄알타이산맥의 바람을 먹고
푸른 초원을 가르며 자란
피의 내력이 있는 여자였다.

바이칼의 여자여
그대는 죽었다. 딴 세상 사람이 되었다.
영원히 나와 헤어져야 한다.

지리산 칠선계곡에서 만났던 바위처럼
일생을 한 사내를 만나
거센 물살 속에서도 뒤집히지 않던
죽어서도
천만 년 살듯이 시시콜콜 볶아대던
따개비 같은 여자여.

그대는 유목민의 딸이었다.
마음에서 비우기 전에 떠나야 옳았다.

떠나라.

몽골의 나담 축제처럼
샤먼의 바람을 불러들이고
고비사막을 휩쓰는 바람의 신과
칭기스칸 골드 보드카를 들이켜며
토네이도마냥 취해서
나는 그대를 보내기로 했다.

축제처럼 흥겹게 춤을 추며
어떤 대목에서는 하늘을 우러러
그냥, 그냥 목 놓아 통곡하며
바이칼의 물로 살아라, 살아라
빌며 작별하기로 했다.

나는 이제 더 가진 것이 없다.
줄 것도 없다. 못다 한 사랑이
너무 한스러워 더 줄 것이 없다.
그대의 모든 것을 다 품고 살다가 죽으련다.

떠나라, 바람의 순리에 따라서
어느 곳에도 머물지 말고
머리 올 하나 남김없이
그대를 따뜻이 지운다, 그만 떠나라.

미안하다, 아내여

오죽하면 그대를 떠나라 했겠는가.
미안하다, 아내여.
사랑은 슬픔이다, 달콤한 만큼 슬프다.
슬프지 않는 것은 사랑이 아니다.
그대를 사랑하지 않았더라면
그대가 나를 떠나지 않았더라면
내 어이 사랑이 슬픔인 것을 알았으리.
보고 싶어도 볼 수 없는 먼 길을 떠난 그대.
나 그대를 볼 수 없어도 하늘나라에 사는
그대는 나를 볼 수 있으리니.
내 마음을 읽을 수 있을지니.
나를 두고 떠나간 무정함 때문에
산사태 져 무너져 내린 가슴을 알 수 있을지니.
가슴이 아프다, 가슴이 아픈 것은
가슴이 아픔을 담는 그릇이기 때문이다.
차라리 슬픔이 넘치고 넘쳐
차라리 사랑이 넘치고 넘쳐
땅을 치며 통곡하는 이 슬픔 때문에
가슴이 없어져 사라졌으면 한다.

가슴이 없으면 내 몸의 아픔을 담을
그릇도 없을 거 아닌가.
아내여, 미안하다.
오죽 했으면 무정히 그대를 떠나라 했겠는가.

몽골항공 기내에서

울란바토르로 가는 몽골항공은
한 마리의 독수리였다.
몽골의 푸른 하늘을 가르며
유유자적 날았다.

구름 그림자는 낮게 지상에 드리워져
호수마냥 뜸뜸 그늘져 있고
몽골항공은
푸른 초원을 갈기를 날리며 내닫는 말처럼
기류를 가르다가
훌쩍 한 마리 독수리로 흐르고 있었다.

나는 몽골반점이 있는 초원의 아들이다.
그 땅의 끝자락 한반도에서 그녀와 정분이 나
한 채의 게르도 없이 이 세상을 시작했으니
굳이 무엇을 탐하랴.

아내가 없자 세상은 모두 다
정거장 없이 떠도는 바람이었다.
빈자의 가난함이 찾아왔다.

다시 새처럼 홀가분해졌다.
이제 나는 아내의 유골을 품고
바이칼 고향으로 간다.

백화나무가 우거진 정다운 숲과
어머니의 품 바이칼로
몽골항공을 독수리처럼 타고 간다.

우리는 정말 사랑만 있었다

그대와 처음 만나 사랑했을 때
우리들 사랑 앞에 한파만 들이닥쳤다.
그 가파른 세상의 파도가 우리의 사랑을 키웠다.
9년의 세월을 그대와 연애하면서
몇 번인가는 우리의 약속은 풀잎같이 흔들렸고
남남처럼 등을 돌리기도 하고 손을 놓기도 했었다.
하지만 진실한 사랑이란 그런 것이 아니었다.
우리 사랑의 진실함을 서로가 깨닫게 하기 위해
하나님은 그런 시련을 건너게 한 것을
우리가 한 채의 집을 가지고야 비로소 알았다.
그 시련 속에는 나의 가난함도 있었다.
나는 사랑 앞에서는 가난함이 무엇인 줄 모르는
너무나 떳떳한 총각이었고
그대는 내 가난함조차도 사랑하는 처녀였다.
세상을 오래 산 어른인
그대의 부모들의 걱정을 모르는 바는 아니지만
그 반대를 이기기 위해
우리는 더욱 사랑했고 더욱 열심히 살았었다.
삶 그대로가 사랑이었다.

충만한 사랑 속에 살면서 작은 것 하나라도
없는 것 한 가지씩 갖추며 가는 것이
사랑의 기쁨인 줄 알면서 살았다.
행복을 축하해주는 촛불만 있는 줄 알았다.
그 촛불이 어느 때인가는
사랑의 심지처럼 다 타 버리는 줄은 몰랐었다.
사랑이 있기 때문에 기뻐서
그런 밤에는 더욱 서로가 잠을 못 이루었다.
우리에게는 정말 사랑만이 있어
그때는 세상이 겁나 보이지 않았다.

국립공원 테를지

울란바토르에 내렸다.
분명 옛날에는 공기 좋고 물 좋은
사랑의 보금자리를 틀기 좋은 분지였으리라.
자궁이었으리.

사랑이 고여 있어야 될 분지에
무질서한 소음과 온갖 매연으로 가득 차 있었다.
분지여서 공해가 잘 빠지지 않는 곳에
하루라도 아내의 혼백을 눕힐 수 없었다.

블루베리가 풀숲마다 잘 익어가는
국립공원 테를지로 갔다. 테를지에 오자
나는 이미 이 세상 사람이 아닌
아내가 숨 쉬는 것을 느꼈다.

어디선가 마두금馬頭琴 소리가 들리고
초원을 흐르는 그 음조에 따라
아내가 나에게로 오고 있었다.

낙타 위에 앉으면 하늘이 더 가까워진다는
몽골 속담처럼 낙타를 타고
별들이 더 가깝게 내려앉는
흑요석의 신비한 밤이 왔다.

하늘이 마련해 준
마지막 별리의 밤이었다.
별들은 그 동안 어디에 숨었다가 오는지
우박 떨어지듯 우루룩 우룩 쏟아졌다.

그 별들은 살아생전에 내게 보여준
아내의 말똥말똥한 눈동자였다.
청순하고 영롱하게 빛났다.

아마존의 숲속 롯지에서도
마추픽추의 정상에서도
아프리카의 끝자락 케이프타운에서도
못 보았던 별이었다.

나는 마른 쇠똥 냄새가 풍기는 풀밭에 누워
그 별들을 다 가슴에 받으며
그래 그래 아내는 내 마음의 하늘자리에서
밤마다 눈물어린 별빛으로 돋아나서

타는 소금밭, 쓰린 형벌로
내 아린 가슴을 더 아프게 하여다오.
이대로는 도저히 빈손으로 떠나는
아내와 작별할 수 없으니 그리하여다오.

블루베리에 소주를 칵테일해서 마시며
밤새도록 아내의 영혼을 불러
넋 놓아 푸념을 했다. 술주정을 했다.

바이칼은 누가 가르쳐 준 것이 아니다

꿈에라도 그대가 한 발 먼저
저승에 가리라고는 생각 못했다.
아내여, 그래서 내게는 마른 하늘의 날벼락이다.

꿈에서라도 저세상 어떤 천국보다
내 곁에 숨 쉬며 사는 것이 행복하다고 웃던
그대가 하루아침에 내 눈 앞에서 사라졌으니
지금 나는 천길만길 벼랑으로 떨어지는 절망이다.

그 절벽 끝 밑바닥 칠흑 어둠 속 내 마음에
이 어인 일인가 기적처럼 별들이 돋아난다.
초롱초롱 그대 눈빛 같은 별들이 반짝인다.

내 먼저 바이칼에 가 터 잡아 집짓고
그대 오기를 기다릴 테니 너무 슬퍼하지 말고
한세상 다하는 날 여기 와서
영원히 사랑하며 살자고 별빛 말씀을 하신다.

꿈에라도 살면서 내 어이 민족의 시원인

바이칼에 그대를 보내리라 마음먹었으리.
사랑하는 사람이 운명을 달리했다고
이 멀고 먼 바이칼까지
감히 아무도 오지 않는 이 길을 나는 왔다.
바이칼은 아무도 가르쳐 준 곳이 아니지만
의당 와야 될 곳이라 믿고
우리 사랑의 본능이 이끄는 대로 나는 왔다.
그대와 나의 이 세상 마지막 여행으로
여기까지 떠나왔다.

초록햇빛이 물드는 몽골의 테를지 초원
초록 생명들이 숨 쉬는 이곳에서
아내의 영혼과 함께
바이칼로 가는 하룻밤을 묵는다.

울란바토르-이르쿠츠크 국제열차

그대를 보내기로 한 바이칼은 아득타.
울란바토르-이르쿠츠크 국제열차는
그 옛날 칭기즈칸의 기마병처럼
초원의 한 자락에서 한끝으로 내달렸다.

나는 열차 속에서 어느 해의
서울에서 해남까지 남도 여행을 떠올렸다.
파릇한 보리 싹들이 초록빛으로 짙푸른
그 길가에서 그대가 부르던 허밍코러스를 떠올렸다.

언제 다시 그 노래를 들을 수 있으랴.
이제는 더 들을 수 없는 목소리가
국제열차의 바퀴처럼
내 가슴을 덜컹덜컹 흔들리며 무너지게 한다.

이르쿠츠크 국제열차는 노마老馬처럼 갔다.
끝에서 끝으로 달리기만 했다.
아, 그 초원에서 평화롭던
양과 염소와 말들과 수많은 소떼와 낙타들이여.

내 사랑하는 여자는 늬들과도 이별이구나.
숲속에서 익어가던 블루베리와 산딸기와
이름 모를 버섯들과도 이별이구나.
온갖 야생화들과도 끝이구나.

내 여자는 이미 저승에 간 사람이지만
아직도 살아있는 꽃과 식물들.
초록을 본다고 심었던 아파트 베란다의
풀들과 관음죽과 안스리움 등속이
초원을 스치면서 아련히 떠오른다.
풀꽃들은 살아있고 주인 없는 슬픔이 물컥 인다.

이르쿠츠크 행 야간국제열차는
나를 과거와 현재를 오가게 하며 가기만 한다.
국경의 밤은 멀고 더디게 밝는다. 하지만
바이칼은 네 넋의 고향이다.
울란바토르-이르쿠츠크 행 국제열차야
가자, 그저 노새처럼 슬프게 바이칼로 가기만 하자.

아내에 대한 봄 시편들

이르쿠츠크 국제열차에 흔들리며
추억처럼 아내에 대한 봄 시편들을 읽으며
나 혼자만의 시제詩祭를 지냈다.

별들도 시앗을 보는 오월이면
십구 세기 화차 같은 걸음으로 장가를 가리.
사랑도 세상 물정만큼 어두운 고향
대관령 참숯덩이 그녀와 살리.

내외여, 우리들의 방은 한 알의 사과 속 같다.
아기의 손톱 끝이듯 해맑은 햇볕 속
누가 이 순수한 외계의 안쪽에서
은밀하게 짜 올린 속살 속의 우리를 알리.

초가집 한 채가 사내의 벌떡한 물건으로 서 있다.
그녀의 질 속에서는 밤새도록 눈 녹는 소리.
앞개울도 힘 좋은 사내와 계집이 어우르는 소리.
이 땅의 봄은 참으로 뭐하드키 옵니다요잉.

시집올 때 아내가 해온 일곱 채의 이불 중에
아직도 한 채의 진솔이불이 남아 있다.
살아가다, 살아가다 어렵거나 아내와 다툰 날이면
우리는 이 진달래빛 이불을 덮고 신혼 때처럼 잔다.

춘삼월 새살돋이하는 잎사귀처럼
밤새도록 내 곁에서 뒤척이던 가시내.
그대 살결은 초록빛 향유로 젖어 있고
난 사랑 때문에 조금은 앓고 있었다.

한 줄기 봄빛이 밀려와
내 그늘진 얼굴을 쓸고 있듯
늙었어도 아직은 버들잎 같은
눈썹으로 웃는 가시내.

아내의 엄지발가락이나 빨듯
갓 피어난 버들개지에 입을 대본다.
그대 떠난 아픔이 마냥 가슴 괴는
봄이 와도 이제는 술과는 만나지 말자.

백화나무

밤 열차 속에서 마치 흰옷을 걸쳐 입은
무당으로 보이던 백화나무 숲들이
날이 밝자 끝없이 이어졌다.

백화나무들은 흰 피의 불꽃이었다.
나무가 아니라 신성한 빛이자 불길이었다.
샤먼의 혼이 깃들어 있었다.
저 나무의 껍질을 벗겨
나는 이 세상 마지막 편지를 쓴다.

내 가슴 속에 있는 하늘이 무너졌다.
머리카락을 쥐어뜯고
흙 바람벽에 피 터지도록
이마를 박고 또 박는 후회가 앞질렀다.

내 가슴 속에 있던 땅이 하루아침에 사라졌다.
천만 길 지옥으로 떨어지는 번뇌였다.
이를 악물어도 슬픔이 새는 불면이 왔다.
자고 일어나도 이 세상 입맛은 쓰디썼다.

여자가 곁에 없으므로 해서 겪는
이 막막한 심경을
나에게 깨우쳐 주려고 그대는 죽었다.

그 슬픔을 잊기 위해
살아있는 날까지, 살아있는 날까지
그대를 더욱 사랑하기로 한 이 징역살이를
어찌하란 말이냐.

백화나무들은 그대의 영혼을 전송하려는
이웃처럼 도열해 있다.
나는 거기서 흰옷을 입은 백성들을 보았다.
같은 핏줄, 민족의 동질감을 느꼈다.

그렇다. 내가 아버지의 땅인
이 머나먼 이르쿠츠크로 바이칼까지 가는 것은
정화된 불꽃 백화나무로 그대를 화장해
뼈 가루들을 바이칼에 뿌리려 함이다.
백화나무여, 너는 내 여자의 헌신목이다.

내 사랑, 예 있으니

백화나무를 보니
내 마음이 편안해졌다.
분명 낯선 이국의 나무고 풍경인데도
고향에 온 기분이 들었다.
아내가 늘 보고 살아가야 할
바이칼을 에워싼 풍경이기 때문이리라.

내 사랑, 예 있으니

아내는 어릴 때부터 자랐던 동해 바닷가가 아닌
이곳의 기후와 산과 강과 들녘 풍경들이
낯익어지고 적응하려면 조금은 힘들 것이다.

내 사랑, 예 있으니

나는 아내의 사랑을 믿는다.
모진 눈보라와 세찬 비바람 속에서도
굳건히 버티어 온 백화나무처럼 견디리라 믿는다.
믿지 않으면 어이 이 먼 길을 왔으리.

아내는 한 마디 말도 없지만
내가 정한 이 길을 기꺼이 믿고 따르리라.

내 사랑, 예 있으니

내 그리움, 그대 그리워
이 세상 안 가본 데 없이 떠돌다
이제 다 사라졌으니
그 사라진 그리움만큼 그대오소서.

내 기다림, 그대 기다리다
섬돌 밑에 귀뚜라미처럼 슬피 우는
기다림 되었으니

그대 가슴 가을이 되어
비스듬히 기울어지는 초승달처럼
무너지며 그대오소서.

내 사랑, 예 있으니

다시 못 올 세상 끝이더라도
세상 끝이라 하지 말고
비바람 눈 속에서도
백화나무처럼 기다리고 있는
백화나무처럼 그대를 기다리는
나를 보러 오소서.

내 사랑, 예 있으니

그대는 죽어 바이칼의 물이 되고
나는 죽어 바이칼의 물을 먹고 자라는
백화나무가 되리라.

백화나무, 차가버섯

5년 전이었다.
내 몸속에 독버섯만한 종양이 돋았다.
위암이었다. 죽음이 찾아왔다.
내 탑은 하루아침에 무너지고 말았다.

공기 좋고 물 좋은 곳을 찾는다고
백담사에 들어갔다.
죽음 앞에서 불탑이 무슨 소용이랴.

밤마다 몸은 천만근 늪으로 빠져들고
검은 피를 울컥울컥 쏟는
내 마음을 잠재울 부처는 없었다.
여린 나무에 와 더 요란한 바람이듯
잔가지 같은 실핏줄들이 파랗게 죽어 있었다.
하루하루 세상이 젖어만 갔다.

거기에 오직 흔들리지 않는
한 그루 백화나무를 닮은 여자가 있었다.
하늘에서 사천왕상처럼 번개가 눈을 부릅떠도

시베리아의 혹독한 눈보라가 휩쓸어도
끝내 살아남던 백화나무인 아내가 있었다.

아내는 백화나무 숲속에서 자란
차가버섯으로 삼백예순날 차를 달였다.
그 물로 위를 다스리고
내 몸속에 바이칼의 정기를 불어넣었다.
실로 차가버섯보다 더한 정성이 나를 살렸다.
그리고 아내는 백화나무마냥
검은 머리카락이 하얗게 세고 진이 다 빠져
나보다 이승을 먼저 떴다.

삶은 우랄알타이산맥이 눈사태였다.
순식간에 풍비박산 났다.
운명은 왜 이리 모질기만한가.

죽을 사람은 나인데

무슨 말을 해야 하나.
누굴 만나 가슴속에 있는 이 기막힌 사연을
다 피를 토하듯 하나.
죽을 사람은 그대가 아니라 당연히 나인데
세상에 이런 날벼락이 어디 있냐고
내 죽을 때까지 땅을 치고 또 쳐도 모자랄
하소연을 하나.

아내의 죽음은 내 사는 날까지
용서 받지 못할 형벌이었으면 합니다.
큰 죄를 짓지 않았는데도
오랏줄로 옭아맨 듯 이 아픔을 어이하란 말이냐.

먹은 갈면 몸체는 사라지지만
갈면 갈수록 먹물은 더욱 짙게 우러나듯이
갈아도, 갈아도 사라지지 않는
먹물 고요에 벗어날 길 없는 죄를 풀고
무너져 내리는 절망을 덧칠해
어둠이 어둠을 먹는 칠흑입니다.

내가 소경이 아니라 세상이 캄캄해져서
내가 소경이 된 것입니다.
이 어둠을 헤쳐나 갈 지팡이를
누가 나에게 주시겠습니까.
아니 누가 준다면
내가 무슨 낯으로 받겠습니까.

이 미안함을 씻을 길이 있다면
알몸으로 석 달 열흘 쏟아지는
장대비를 맞겠습니다.
백일이 아니 천만일인들 사람으로
어찌 피하겠습니까.

길이 없습니다. 길이 없습니다.
마음은 간절한데 길이 없습니다.
따라 죽으려 해도 길이 없습니다.
어찌 이 한세상을 가야합니까.
어느 길로 가야합니까.
살짜기 밟고 오라던 당신의 말씀이 깃든
길은 이 세상 어디에도 없습니다.

이르쿠츠크-예까체리나

이르쿠츠크의 예까체리나를 아시나요.
아내가 예까체리나였다.
백화나무 옹이로 옹골진 여자였다.
문신이었다, 샤먼이었다.

예까체리나, 백계 러시아를 휩쓴 혁명의 물결 속에서
유형지의 남편을 쫓아 시베리아까지 왔다.
사랑을 위해 모든 것을 눈감았다.
그녀의 사랑은 혁명보다 더 강했다.
귀족의 신분도 팽개쳤다.
차갑고 힘들더라도 흰 눈의 사랑을 택했다.

막막한 백치미가 있는 여자였다.
부러울 게 없는 삶의 유혹도 뿌리치고
남편을 따라 이 서릿발 무지개 서는
유형지의 땅 이르쿠츠크로 와 살다 죽었다.

기도하게 하소서. 기도하게 하소서.

그녀가 흰 눈의 예까체리나였다.
혁명가의 아내도 아무것도 아니지만
시베리아의 동토보다도 더 황량한 사내에게,
풀 한 포기 돋지 않는
유형지의 땅 같은 가난한 사내에게 와
평생을 헌신하며 산 여자였다.

매일매일 무너지는 시 쓰는 사내는
차라리 형벌이었다.
밤마다 벗을 길 없는 죄를 벗으려고
손톱으로 보이지 않는 벽을 긁는
핏물이 흐르는 사내였다.

누굴 위해 기도할 줄 모르던 그 사내가
이 세상 어떤 노래나 책에서도 찾을 길 없고
구원받을 한 모금의 샘이 없던 사내가 기도한다.
어디에서도 듣고 배운 적이 없던 절규를 한다.

나 먼저 그대를 저승으로 보냈으니

무슨 할 말이 더 있으랴.
내 가난과 못난 어리석음을
하늘이여 불쌍히 여기시어 한평생
기도하게 하소서, 부르짖게 하게 하소서.

이르쿠츠크 거리에는
세상 여느 곳보다 먼저 겨울이 와
소리 없이 우리들 사랑처럼 눈이 내리리라.

나는 그대와 더불어 예까체리나처럼
페치카 옆에 앉아 음악교실에서 들려오는
천사의 목소리 같은 코러스를 들으며
눈이 쌓인 정교회의 종탑을 보고 싶구나.

단 한 번만이라도 손잡고
털외투 속으로 매서운 칼바람이 스미는
이 눈보라의 시베리아 앙가라 강변을
둘이서 사박사박 걷고 싶구나.

그러기에 사랑은 있었다

가만히 생각해 보면
그대와 나의 사랑은
봄날의 보금자리 트는 새소리 같았지요.
해종일 지지배배, 지지배배
꽃과 꽃 사이를 누비는 새소리였지요.

어느 때인가 그대와 나
동지섣달 기나긴 밤을
춘향전의 사랑가 한 대목처럼
사랑, 사랑 내 사랑 하며
그대를 업고 놀았지요.

밤새도록 돌며 갈아도
닳지 않는 맷돌이 어디 있느냐
여기 있지요, 대답하고요

또 서방님께서
사시장철 쉬지 않고 돌고 도는
물레방아 어디 있느냐 하시오면

예 있지요, 웃으며
빙그르 한 바퀴 돌았지요.

그러다 내 사랑에는
시 한 수도 빠뜨릴 수 없어서
서방님께서
그립다
말을 할까하니 그리워
낭랑한 목소리로 읊으시면
저 또한 간드러지게
그냥 갈까
그래도
다시 또 한 번 화답했지요.
설한풍 엄동설한이어서
더 뜨거웠던
사랑, 사랑 내 사랑이었지요.

천안 삼거리 능수나 버들
흥아가 절로 나는 어깨춤이었지요.
춘풍 이불 속이었지요. 고전이었지요.

바이칼 수장水葬

바이칼은 대지의 자궁이다.
여러 강물들이 한 곳에 모여
호수를 이루고
앙가라 강은 흘러 북해로 간다.

아내는 바이칼의 물이었다.
어머니의 자궁에서 태어나
푸르고 깨끗이 순수한 물로 살다
죽어서는 다시 어머니의 고향으로 간다.

먼저 세상을 떠난 것에 대한
한량없는 섭섭함이 남아 있지만
나에게는 퉁구스 초원처럼
끝없이 넓고 은혜의 땅이었던
그대의 죽음이 최선의 종천終天임을 안다.

이제 이 거울의 호수에
한 그루 나무처럼 홀로 남은 쓸쓸함이여.
내 외로우면 그대도 외로운 줄 안다.

그 외로움으로 나는
한 점 부끄러움이 없이 그대를 보낸다.

내 이 물녘서 육신의 꽃 흩어지게 함은
그대를 잊기 위함이 아니라
우리 사랑이 바이칼 신화로 남아
바이칼 신의 딸 앙가라 전설서린
샤먼바위로 남기 위함이니.

아내여, 이제부터는 울더라도
바이칼의 잔물결처럼 잔잔히 울고
햇살 아래 반짝이는 웃음 결로 살아라.

그대와 나는 참 먼 길을 왔다

비행기를 타고 독수리처럼
하늘 높이 뜬 구름을 가르기도 하고
기차에 몸을 싣고 끝없이 펼쳐진
초원을 달리기도 하며
그대와 나는 참으로 먼 길을 왔다.

그 길은 옛날부터 누가 가르쳐 준 길이 아니라
길이 없는 칠흑의 어둠 속에서 별을 우러르며
낙타 등에서 살아온 본능으로 찾은 길이었다.
그래서 모든 길은 눈먼 짐승이 더듬듯
울퉁불퉁 휘어지고 구부러져 있다.

그대는 내 곁에서 누구도 들을 수 없는
나만이 듣고 알 수 있는 말들을 참 많이 했다.
그 말들 속에는 슬픔도 있고 기쁨도 있었지만
결국은 먼먼 하늘나라로 가면서도
그대는 입술이 마르도록 끝없이
나를 사랑한다고 속삭였다.
나와 산 지상에서의 삶이 그 무엇과도 바꿀 수 없는

최상의 사랑이었노라고 했다.
나는 내 섭섭함처럼
그대와 살았던 삶이 물거품이 되고
못다 한 사랑이 철천지한이 되는
하늘이 무너지고 땅이 뒤집히는 것이었으면
오히려 위안이 좀 되었겠지만
그대는 내 모자람마저 다 사랑이라고 했다.
그것이 더욱 나를 슬프게 하는
여기 이 마지막 내 인생의 바이칼까지 왔다.

나는 이제 내 것이라고 아무것도 없어서
그대에게 줄 사랑도 슬픔도
아무 것도 줄 것이 없어서
그대를 이 바이칼의 물로 살기를 빌면서
울며 흐느끼다 눈물마저도
진한 피 한 방울처럼 흘러내리는
정말 내 생애를 몽땅 짜서 만든
이 눈물 피 범벅 한 방울을
이제 그대와의 마지막 인사로 떨군다.

마누라라고 아내라고 여보라고 당신, 자기라고
무엇이라고 불러야 좋을지 모를 내 여자
본명은 김, 일, 지, 바이칼의 딸 잘 가거라.
가서 잘 살아라.
마지막 남은 피눈물 한 방울까지 짜서 떨어뜨리는
내 간절한 소원 중의 소원이다.
당신은 내 가슴에 영원히 살아 있으므로
세상 어디에도 비석을 세우지 않으련다.

또 바이칼 거대한 물

바이칼에 처음이자 마지막인 배를 띄웠다.
아내의 뼈 가루를 한 움큼 허공에 뿌렸다.
샤먼의 주술 같은 바람이 흰 이를 드러냈다.
수면은 삽시에 안개꽃 천지였다.

꿈, 안개, 꽃이다.
환상의 수백억 개 안개꽃이었다.
만다라의 물로 낯색이 바뀌었다.
산산이 녹으면서 바이칼이 되고 있었다.

바이칼, 풍요로운 물로
대지 위에서 나를 먹이고 살 찌웠듯이
그대는 온갖 물고기의 친구로서
이제부터는 그것들의 피와 숨결이 되어서
밤낮으로 호흡하며 떠돌리라.

아니, 바이칼이 되어, 바이칼이 되어
이 지상이 갈증 나 타들어 가고 목마를 때
석유보다 더 비싼 거대한 물로 남으리라.

세상이 다 입을 대는 젖줄인
어머니의 호수여.
그대는 갈릴리의 어부처럼 배를 띄우게 하리라.

지상에서는 늘 가난한 식솔들의 일용할
따뜻한 마유주가 되었듯이
그대는 죽어서도 그리 살리라.

이 세상 물먹지 않는 자 어디 있으랴.
그 물로 그대는 살리라.

이제 나는 모든 것을 다 놓아버렸다

그대는 바이칼의 꽃 되었습니다.
이제 나는 모든 것을 다 놓아버렸습니다.
그대를 바이칼에 보내기까지
하나였던 모든 긴장을 다 풀어버렸습니다.

묶이고 묶여서 풀고 싶지 않은 것이
사랑인 줄 알았습니다.
그대가 내 허리를 칭칭 끌어안고
두 팔로 손깍지를 꽉 낀 것이
그 풀리지 않는 손깍지가 사랑인 줄 알았습니다.

묶여서 쾌지나칭칭 묶여서
열두 발 상무, 상무로 돌고 돌며
춤추는 것이 우리들 사랑인 줄 알았습니다.

생로병사의 우리들 인생에서
어쩔 수 없는 것이 있듯이
풀고 싶지 않은 우리 사랑도
어느 날 맥없이 풀렸습니다.

나의 모든 맥을 탁 놓듯이
기운이 다 풀리고 말았습니다.
풀려서 하늘만큼 허전해졌습니다.

그대는 이제 바이칼의 꽃이 되었지만
나는 이제 내가 할 일이
아무 것도 없는 허무가 되었습니다.

우리들 인생에서 속일 수 없는 것이 있듯이
속이고 감추려야 감출 수없는 것이 있듯이
그래도 나에게 남겨진 사랑은 어이 합니까.

그대가 지상에 있든 바이칼의 물이 되었든
내 곁에 있든 영원히 떠났든
속일 수 없는 사랑이 있듯이
이별 또한 그러합니다.
이 이별 또한 어이합니까.

가시리 있고 가시리 있고

날더러 어이 살라하고 가시리 있고

가시리 가시리 있고
날더러 어이 살라 하고 가시리 있고

아, 가시리 있고
그대는 꽃이 되어 가시리 있고…

다시 바이칼 수장

아내를 바이칼에 수장하자
푸르른 물결이 눈높이로 부풀어 올랐다.
마치 그것은 첫 데이트 때의
바람에 부풀어 오르던 치마폭이었다.

작두날 타듯 파도는 일어서고
나는 그 위에서 일렁일렁 춤을 추는
백화나무의 춤을 보았다.

물이 없으면 내 어찌 예까지 왔으리.
앙가라와 바이칼 두 개의 물줄기가 만나
북해로 흐르는 영원한 사랑이 되듯
물 없으면 어찌 내 예까지 왔으리.

그대는 한 그루 백화나무 되어
물속으로 침잠하며
혼자 가기 싫다고 혼자 가기 외롭다고
자꾸 자꾸 떠오르며 잎 손짓으로
나를 오라하고 있었다.

내 눈물 글썽이며 다짐하는 말.
그래 가마, 그래 가마.
한 마리 산양처럼 살다 내가 가마.

산양은 늙어 죽을 때가 되면
하늘이 맞닿는 까마득한 산정에 올라
아무것도 안 먹고 굶주리다가
떨어져 고결한 죽음을 맞이하듯이
떨어져 고결한 죽음을 맞이하듯이
바이칼 물에 스스로 빠져 나도 죽으마.

나 죽어서라도 세상 모든 것 다 버리고
그대에게 기어코 가고 말리니.
석 달 열흘을 가난한 육신 이끌고
오체투지 하듯 무릎 끌며 가고야 말리니.
물이 없으면 내 예까지 어이 왔으리.

다시 할 수 없는 사랑

모든 문이 닫혔다.
천만 겹의 물결로 짜진 문이었다.
나는 바이칼의 물을 보며
이제 그대와 내가
서로 다른 세상에 있음을 절감한다.

향이 없는 제사가 어디 있으랴.

이 향은 어느 해의 인도 여행에서
그대가 향 가게에 들러
몸소 향기를 코끝으로 맡으며 고른
그대의 마음 같은 향이다.

그때 향을 고르며
그대가 한 말을 잊을 수 없다.

이 향은 나에게 당신의 체취 같다며
이 지상에서 고맙게도 당신을 만나
가장 행복하였다며

그대는 오늘의 이별을 예견한 듯이
유언처럼, 유언처럼 말을 했었다.

이 향을 사르면 당신의 향기로 알고
당신의 부르심으로 알고
천만 길 떨어져 있어도 달려오겠다고 했다.

아, 당신 참 대단한 여자야.
죽을 때를 대비하여
향도 미리 준비해 놓는구나 하며
섭섭해서 내가 했던 말도
그대는 기억하는지.

정말 당신은 참 대단한 여자다.
어이 나를 두고 먼저
하늘나라로 갈 수 있었는지
감히 그런 생각을 했는지.

나는 모르겠노라, 모르겠노라.

그대는 목숨 다하여
바이칼의 물이 되었는데도
왜 나는 지상이 아닌 하늘나라로
그대가 갔다고 하는지도 모르겠노라.

오직 내가 할 수 있는 건
손발이 닳도록 빌고 빌며
바이칼의 물결처럼 춤추는 일뿐.

다시 할 수 없는 내 사랑이여.
내 피워 올리는 향 길을 따라
이승에서 못다 이룬 소원 다 이루고
부디 부디 잘 살아라.

앙가라 강변

저물녘 앙가라 강변에 앉아
북극으로 서서히 떨어지는 석양을 본다.
가을이 오고 있다.
벌써 9월의 백화나무들은 노랗게 단풍든다.

눈이 오기 전 러시아의 연인들은
이 강변에 나와 결혼을 하고
눈보라가 쳐도 끄떡없는 집을 가진다.

나는 이미 늙었다.
집이 있고 먹을 양식이 쌓였더라도 춥다.
아내가 없는 것이 이리 삭신이 저린 줄 몰랐었다.

이제 얼마 안 있으면
내 인생에도 겨울이 와
앙가라 강처럼 두껍게 얼 것이다.

하지만 나는 오늘 앙가라 강변에서
아내가 했듯이 네잎 클로버를 줍는다.

살아있는 날까지는 앙가라 강줄기를 흐르며
아내를 추억해야 할 목숨이 있기 때문이다.

오늘도 러시아 정교회 종탑이 있는
앙가라 강변에서
아내를 찾듯이 네잎 클로버를 찾는다.

영원하리라 믿었던 내 사랑

사랑하는 만큼 어리석은 것이 어디 있나요.
사랑하는 것만큼 믿는 것이 어디 있나요.
사랑하는 사람만큼 꿈꾸는 이 어디 있나요.

나는 그대와 거닐며 바라보던
산이나 강처럼 우리 사랑도
영원히 푸르리라 믿었었다.
그 덧없음이 오늘 나를 슬프게 한다.

슬프더라도 그대를 사랑했기에
다시 인생을 시작하고 사랑한다 해도
이 순간처럼 모든 것이 허물어져 버리더라도
내 사랑은 산처럼 바다처럼 변함없을 것이라고
나는 영원히 믿고 싶네.

나는 이제 보이는 것보다
보이지 않는 것들이 보이는 것을
사랑이라고 여기며 살고 싶네.
보이지 않는 것들이 보이는 것을

사랑이라고 여기며 살고 싶네.

바람이듯, 보이지 않는 바람이
초록 잎에 와 보이듯이
보이지 않는 바람이 열리지 않는 창을 흔들며
사랑을 깨우듯이 흐르고 싶네.
그대가 보이지 않으므로
보이지 않는 그대를 그렇게 사랑하겠네.

저 황홀한 노을처럼
내 사랑도 불타 사라지고
이것들은 다 어디서 왔는가.
갑자기 보이기 시작한
쓸쓸한 겨울이여, 눈보라, 들판이여.
그것들도 보이지 않는 바람처럼 보며
이제는 영원하리라 믿었던 내 사랑도
표표히 떠도는 유랑자 되어 흐르고 싶네.

자연사 박물관 운석

바이칼에 아내를 두고 와서
새까맣게 타들어가는 마음으로
울란바토르 자연사 박물관에 들렀다.

거기서 운석 하나를 만났다.
그대와 나 별똥별 찾아 들녘을 헤매던
유년의 꿈들이 어제 같았다.

우주 허공 수천광년의 길을 떠나
몽골 초원에 떨어질 때까지
저 운석의 본디 모습은
지구보다 더 큰 돌이었는지 모른다.
돌의 살점이 불타고 떨어져서
찌들고 찌들어서 예까지 와 있었다.

아내가 없는 이 허전함을
바람이 불면 어디론가 휘불려 갈
가랑잎 마음을
저 운석문진으로 누르고 살려 한다.

살다 이 세상 뜨는 날
그대 이 지상에서 별 하나로 떨어져
다른 별로 몇 광년의 긴 저승길을 떠났듯이
나 또한 가슴속 운석을 나침반 삼아
수천 광년의 우주 공간 속 미로를 누비며
별똥별이 되어 그대 사랑에
까맣게 인이 배도록 떠나려 한다.

나는 죽어서도
바이칼의 내 여자
그대를 찾아 사랑하고 싶구나.

사랑은 따뜻하고 뜨거운 것만 아니다.
차디찬 얼음장 같은 몸이 되었다고
어이 사랑하던 사람은, 사랑했던 사람을
사랑하지 않을 수 있으랴.
겨울 앙가라 강처럼 사랑으로 얼어붙는
합빙合氷이고 싶구나.

아내를 추억하는 겨울 시편들

눈이 오는 것과 내리는 것은 같지만
우리 둘이는 이렇게 사랑했다.
내가 그대에게 가는 것은 눈이 내리는 것으로
그대가 내게 오는 것은 눈이 오는 것으로….

내 몸만 채우고 세상을 비운다면 거짓이 아니겠느냐.
스스로를 비우고 세상을 채우며 눈 온다, 눈 온다.
그 눈뭉치로 세상 어디에 굴러도 때 묻지 않을 눈사람을 만
든다.
사랑은 다함없고 겨울 해는 왜 이리 짧기만 하냐.

눈처럼 희고 시린 압축공기 1백시시(cc) 그대 입김.
내 붉은 심장 들어와 수포되어 떠돌다.
더러는 무처럼 시려오는 뼈들도 다 띄우고
동치미 국물로 우는 사내, 사랑도 아파 울면 시원하리라.

그대를 사랑하다 사랑하다 지문마저 사라진
내 엄지만한 눈송이, 눈송이들이….
하늘에서 꽃씨 품고 오누나, 뿌리누나.

내 마음 뜰에 모란, 모란 내리는 모란꽃 입김.

눈 옷 입은 한 그루 자작나무를 보노라면
아내 잃고 머춤했던 상복의 남정 한 분.
눈물로 흘러 젖는 게 아니라 얼어 덩이지시던 분.
함께 사랑하다 다시 무명 입성이 된 나 하나.

어딜 가나 천 길 절벽으로 떨어져 죽고 싶다던
그대여, 그 죽음을 내가 받으마. 두 손을 벌려
하늘하늘 눈 한 송이. 하늘같이 내 받으마.
겨울이 올수록 점점 가벼워지는 영혼.

봄이 되어 녹은 눈들이 다 어디로 갔나했더니
어느새 냉이꽃에게로 가 피어 있다.
그대 가고 세상 모든 게 다 사라졌다 싶은 이 봄날에
내 가슴에 냉이꽃만큼의 눈송이들이 아직 피어 있다.

된장 끓는 소리가 봄비처럼 잦아들고
반쯤 열어놓은 문밖으로

무뜩 날아드는 눈빛 흰 복사꽃 한 잎.
돌아가고 싶어라. 고요로 적막턴 지난겨울.

가을바람에 몸 말리는 난초 잎 사내,
튼 살 속 안티플라민 발라
밤새 따습게 문지르던 그대.
어느새 초가지붕 위에는 눈이 구름 되어 앉아 있었다.

눈도 멈췄다. 흰 빛 뿐인 아침.
눈 덮인 숲속에서 한 떼의 새들이
한恨 빠지듯 까맣게 날아갔다.
밤도 사랑으로 뜬 눈 지새면 흰 색이다.

그대에게 갈 때는 나는 그저 하이얗다.
눈이라는 이름을 붙이고 싶지 않다.
굳이 말하자면 내 심장에서 새어나온 입김.
사랑은 상처이어도 끝내는 하얗게 아물어야 한다.

소리 없이 타오르는 촛불 속에서 이 밤

눈이 내리는 고요한 소리가 들린다.
장미 꽃잎도 눈처럼 내릴 때에는
눈이 되어 천지를 덮고 있었다.

사랑하는 사람아, 눈이 풋풋한 저녁 답이면
지게에 마른 솔가지 한단쯤 져다놓고
그대 아궁이에 불을 지피고 싶었다.
저 소리 없는 눈발이 그칠 때까지…

에필로그 1

순록 같은 남자의 자전

나는 처음 그녀가 웃으며
순록 같은 남자라고 말했을 때
이 춤의 한 가족이 되겠구나 알았었다.

순록들도 서로의 겨울을 이기느라 다정히 몸을 섞고
봄을 기다려 새끼를 낳는
노오란 황새풀꽃이 핀 경이로운 초록 들판을 기다렸다.

봄이 오면 이 들녘 어디에서나
초록 향기로 넘쳐흐르니 절로 사랑이 샘솟고
별 이부자리 아래서 숨 막히는
그녀와의 야외정사를 하리라.

뼈 속까지 저리는 영하 50,60도의
툰드라의 겨울을 이길 수 있는
튼실한 아들이나 바느질 잘하는 딸을 낳으리라.

사는 세계가 툰드라의 벌판이 전부인
그녀를 사랑하면서 더도 말도 덜도 말고
그녀와 하나 되는 유목민이 되리라.

네네츠 족의 재산인 순록이 되고
순록의 먹이 이끼인 야겔이 되고
설거지 풀 나루츠나 밑씻개 용 뿌노도 사랑하리라
이끼 같은 내가 되리라.
자연과 하나인 나를 만드리라.

사실 그녀와 나는 유목민으로 살았다.
끝이 보이고 끝 간 데 모르는
시베리아 벌판 같은 살림살이였다.
그래도 신혼에는 둘이서 눈을 뜨면
사랑이 새록새록 돋아나니까 행복했었다.
가난하고 없어도 불편한 줄 모르는 사랑이었다.

이제 무작정 온 바이칼이다. 그대가 그립다는
그리움 하나만으로 찾은 바이칼이다.
아내여, 나는 돌아갈 수 없는 옛날 그때를
왜 더 그리워 하는지 모르겠다.
가지 않겠다며 않겠다고 온 바이칼이다.

에필로그 2

생명의 촛불은 꺼지고 말았다

미치도록 숨이 목 끝까지 차는 쾌락의 슬픔만
도도한 강물인양 흐르는데
12월 마지막 제야처럼 내 사랑은 끝났다.
내 눈 앞에서 단두대에 목을 맡긴 죄수처럼
정말 찰나에
세상의 모든 생명의 촛불은 꺼지고 말았다.

바람 앞에서는 그저 티끌이었다.
사랑도 한 번 훅 불면 사라지고 마는
사람아, 사람들아 가진 거 다 텅 빈 하늘이더라.
남는 건 터엉 텅 빈 궁륭뿐이더라.

이제 나는 두 번 다시 이승에서는
그대와 이별할 수 없듯이
살아서는 바이칼에 가지 않으리.

이 세상에서의 그대와의 맺어진
인연의 끈을 하늘이 이미 끊어 놨으니
나 어찌 할 줄 모르겠노라.

세월이 아픔을 잊게 한다는
이웃들의 말의 잔치 속에서 나는
내 마음을 의심하노라.

살아있는 자는 살아야 한다는
너무나 당연한 인간적인 위로 앞에서
오늘도 나는 고백하건대
햄릿처럼 끝없이 갈등하고 있노라.

하늘이여, 하늘이여
나는 다시 바이칼에 가지 않으리.

검은 악마의 어둠이 찾아오고
문은 열려 있어도 보이지 않는다.
문은 열리지 않기 위해 있는 듯하다.

드라큐라 성에 장식품처럼 달려있는
문의 위엄이여, 신비여.
내 자신이 문이 되어 받아들이지 않는 것은

다 허망한 거짓이다.

문이 열리고, 광풍이 몰아쳐도
꺼지지 않는 촛불은 있노라.
모든 생명들 뒤흔드는 바람일지라도
끄고 싶지 않은 촛불이 있음을 바람은 아노라.

칡뿌리 같은 절망을 씹으며 살아가기 위해
쾅 쾅 미친개가 짖듯이
이제 영원히 내 모든 문을 닫노라.

촛불처럼 사탕을 든 자들은
비를 맞으며
다 문밖에서 기다리고 있노라.

여적餘滴

바이칼을 쓰기까지

아내가 내 곁을 떠나 간지 돌아보면 바로 어제 같은 세월인데 어느덧 11년의 세월이 흘렀다. 강산도 변한다는 세월의 굽이에서 어떻게 견디며 살아왔는지 모르겠다. 내가 시인된 숙명으로 아내를 못 잊어 노래한 시집을 펴내리라고는 꿈에도 생각 못했다. 그런데 그 일이 사실이 되었다. 연가곡 시집 《바이칼》은 아내를 저세상으로 보낸 진혼의 읊조림이다. 그래서 나로서는 이 시집에 대한 감회가 남다르다. 첫째 연가곡 시집 《바이칼》은 나에게 시인이라는 숙명을 안겨 주었다. 나는 일생을 업으로 시를 써왔으나 무슨 시인된 사명감이나 운명 같은 것은 전혀 염두에 두지 않고 살아왔다. 시는 살아오면서 내 가슴에 일어난 즉흥이었다. 이규보가 말한 시마詩魔였다. 시가 되는지 안 되는지 겁도 없이 발표했던 시들…. 나는 일전에 그 소감을 어느 시상식 자리에서 문학지의 추천을 거쳐 시인으로 등단하고서도 내가 쓰는 시가 정말 시인지 아닌지 첫 시집 《사행시초》를 낼 때까지 고민한 것을 피력한 적이 있었다. 시를 써서 잡지에 발표하면

읽는 이들이 시라고 인정하고 실어주니까 그런가보다 고맙게 여겼다. 아마 이런 현상은 내가 어려서부터 시라는 것을 누가 가르쳐 주는 사람이 없이 혼자서 익혀 온 결과가 아닌가 싶다. 지금도 시란 무슨 작당을 짓고 파벌로 이루어지는 것이 아니라 혼자서 몰입하는 것이라는 믿음도 이 때문이리라. 만일 내가 시인이 아니었으면 아내를 여윈 슬픔이 아무리 크더라도 가슴에 묻고 혼자서 묵묵히 인고의 세월을 견디었을 것이다.

《바이칼》은 나에게 태어나면서부터 시인이 될 수밖에 없는 숙명성을 아프게 각인시켜 준 작품이다. 필연이었다. 쓸 수밖에 없는 필연이었다. 아내의 죽음을 애도하는 조시로는 세계에서 가장 큰 스케일로 구성된 이 시는 아내가 명을 달리했기에 이뤄진 참으로 어쩔 수 없는 아픔을 동반한 작품이다. 작품을 이루는 동안 나는 솔직히 아내가 죽지 않았으면, 시인이 아니었으면 하는 숙명성에 끝없이 시달리고 아파했다. 어떤 때는 이 작품을 시인으로서 남기라고 아내는 명을 달리했다는 착각에 사로잡히게도 만들었다. 그동안 작품이 완성되고 나서 즉시 세상에 선보이지 않은 것은 무언가 내면에서 아직 발표하기엔 설익었다는 느낌이 와서다. 한 작품을 완성하고 이렇게 오랜 세월을 잠재워 보기도 처음이고 기다려주기도 처음이다. 그러면서 나도 모르게 자연스럽게 이제까지 시인으로서 살면서 쓴 아내의 시편들이 당연한 뜻이 연가곡 시집 《바이칼》에 첨가되었고 꿈에도 생각지 못했던 화답 시 형태의 시편들이 돋아났다. 그것은 마치 오랜 겨울을 이기고 봄이 와서 연초록 새싹을 틔우는 순리와 같은 것이었다. 솔직히 이 시만큼은 되도록 요란

하게 시적기교도 가미하지 않고 감정이 흐르는 대로 만들고 싶었다. 내 인생의 말년에 와서야 내가 '시인이구나' 를 절실히 일깨워준 작품이다.

내가 알고 있는 연가곡이란 그저 지나치며 들었던 슈베르트의 '겨울 나그네' 가 고작이었다. 평소에 무슨 음악에 깊은 관심이나 취미가 있는 것도 아니고 실제 노래 몇 곡 부르는 것도 음치라 자칭할 정도로 그 방면에는 무식하고, 음악만이 아니라 미술 쪽에도 마찬가지였다. 그러면서도 어떻게 시는 일생 써왔는지 나 스스로가 생각해도 이상할 정도이지만 그런 내가 혼합예술의 하나인 연가곡에 손을 댄 것은 시로써 못해 본 분야라는 욕심 때문이었다. 나는 그동안 시로써 사행시도 써왔고 또 최근에는 4행보다 짧은 2행 시집 《살아가는 슬픔, 벽》도 출간한 바 있으며 3행 시집 《하늘 사람人 땅》도 선보였다. 뿐만 아니라 '고려의 눈보라' 등 연작 장시 및 한때는 〈현대시를 위한 실험무대〉라는 동인모임을 통해 시극도 써보고 무대에 올려본 적도 있으며 등단 50년 시력을 기념으로 첫 시집과 대비한 《4행 시초 2》를 펴냈고 짧은 시로서 마무리라 할 수 있는 1행부터 10행 안쪽의 시집 《가을인생》도 펴냈다. 나름 시에 대한 사랑과 욕심은 있어서 또 근일에는 음식시집 《꽁치》도 내어 시로써는 안 해 본 분야가 별로 없는데 연가곡이라는 이 분야는 처음인지라 한발 다가가 보았다. 또 굳이 이야기하자면 근일에는 복합예술로서의 시를 거론하는 경향도 많아져서 멀티미디어 시대에 걸맞는 멀티포엠이니 문화콘텐츠, 융합의 길이니 하는 말들이 심심찮게 떠올라서 그 방면에 줄을 대어 본 것이기도 하다.

처음 한 문예지 편집자의 연가곡에 대한 부탁은 한 60여 편 만들어주면 작곡가들이 15편이나 20편 정도 선택해서 곡을 붙인다는 주문이었다. 하지만 연가곡連歌曲이 연가곡戀歌曲 정도인 줄 알았던 나로서는 (슈베르트의 '겨울 나그네' 탓이겠지만) 그저 사랑노래(비극이든 아니든)를 쉽게 쓰거나 부르기 쉽게 하면 될 것이 아닌가라는 마음이어서 나름대로는 표현에 신경을 쓰며 만들었다는 것이 백면서생인 내 고백이다. 하지만 나는 작곡과는 상관없이 시로서의 일관성만은 유지하고 싶었다. 그리하여 생각해낸 것이 전작 '바이칼' 시편에 매 편마다 화답형식으로 작품을 만들어 가면 하나의 일관된 주제와 통일성을 이루면 되지 않을까 하는 데에 이르게 되고 가능하면 그런 쪽으로 써나갔다.

아내는 평소에 내가 쓴 시를 전혀 안 읽는 눈치였다. 연애 할 때는 나름 펄벅의 《대지》도 읽고 지이드의 《좁은 문》도 읽었다는 둥 하며 제법 문학소녀인 체했는데 살면서는 도통 관심이 없어 보였다. 어느 날 내가 섭섭하기도 하고 궁금해서 아내에게 물어본 적이 있었다. "당신은 명색이 시인과 살면서 남편이 쓴 시를 읽어보지도 않느냐"고. 아내가 대뜸 하는 말. "동창회고 무슨 모임에 나가서도 내 남편이 시인이라는 말을 입 밖에 내본 적이 없다."는 것이었다. 놀라서 "왜 그러느냐?"고 물으니 "남편이 시라고 쓴다는 게 박목월 시인처럼 '가을의 노래' 같은 좋은 가사인 시는 쓰지 않고 차마 입에 담기 부끄러운 쌍소리 말들만 늘어놓으니 시인이라 어디 내세우기 창피스럽다."는 말이었다. 내심 아내가 내 시를 전혀 읽지 않는 것으로 알았는데 좋건 나쁘건 그래도 남편이 쓴 시라고 읽기는 읽는구나! 흐뭇해한 적이 있었다.

바이칼 연가곡은 아내 때문에 쓴 시이기도 하지만 완성하고 나니 새삼 젊은 날 아내의 모습이 떠오르는 시집이다. 바보 같이 아내가 살아생전에 좋아할 노래 한 편 만들지 못하고 세상자리 비운 뒤에야 이런 연가곡을 만들다니 후회가 인다. 아내로 인해 만들어진 연가곡이니 후일 이 방면의 관심 있는 작곡가를 만나 잘 만들어진 가곡이었으면 하는 바람이다. 나로서는 그동안 아내를 다른 세상으로 보낸 지도 오랜 시간이고 되도록 잊고 사는 연습을 열심히 해 왔었다. 그 연습 때문인지 엔간히 잊고 살았는데 이 《바이칼》 연가곡 때문에 아내에 대한 슬픔이 다시 도지게 되었다. 살아 있는 내 가슴이 아내를 묻은 봉분이라며 가슴에 깊이 잠재웠는데 다시 가슴속에서 꿈틀거리며 살아나는 아픔이다. 아내가 떠난 세월이 새삼 생생하게 어제처럼 슬프게 얼룩진다. 내 가슴에 지울 수 없는 멍임에 틀림없다.

민족의 시원인 바이칼에 아내를 수장함은 사실이 아니다. 실제로는 내 고향 주문진 앞바다에 수장했다. 하지만 나는 아내를 시에서 바이칼에 수장한 것으로 하였다. 아니 나는 내 마음으로는 아내를 그보다 더한 시베리아의 최북단에 사는 유목민 네네츠족의 여자로 만들었다. 순록과 같이 이동하는 생활이 전부인 네네츠 부족의 여자. 여자가 귀한 땅에서 혹한의 추위도 견디며 사는 여자. 내가 사랑했던 여자는 가난한 나에게 와서 일가를 이룬 것만으로도 그런 여자가 되기에 충분하다고 여겼다. 아무튼 아내가 떠난 후 나는 그녀의 영혼과 함께 바이칼로 떠났다. 이제껏 살아오면서 나름대로 많은 여행을 했었다. 세계 각국의 많은 사람들을 만나고 사는 모습을 보기 위해서였다. 하지만 비행기로 열차로 아내의 영혼과 함께 바이칼로 가는 여정은 내 인생의 여행길에서 가장 슬픈 길이었다. 마음을 달래듯 몽골의 칭기스칸 골드 보드카를 어지간히 마시고 아내의 영혼을 위무하는 마음으로의 시제詩祭도 지냈다.

연가곡 《바이칼》에 담긴 〈아내를 추억하는 칸타타〉나 〈아내에 대한 봄 시편들〉, 〈아내를 추억하는 겨울시편들〉은 그동안 시인으로 살면서 쓴 아내에 대한 내 사행시에서 뽑은 시편들이다. 나는 이 시편들로 아내를 사랑했던 내 마음을 정표로써 남기고 싶었다. 이 한 가지만으로도 연가곡 《바이칼》의 완성은 나에게 위안이 되는, 아내에게 바치는 노래가 되리라고 믿는다.

계간문예시인선 141

강우식 연가곡 시집 _ 바이칼

초판 인쇄 2019년 5월 10일
초판 발행 2019년 5월 15일

지 은 이 강우식
회　　장 서정환
발 행 인 정종명
편집주간 차윤옥

펴낸곳 도서출판 **계간문예**
편집부 03132 서울 종로구 삼일대로 30길 21 종로오피스텔 1209호
주소 03132 서울 종로구 삼일대로 32길 36 운현신화타워 305호
전화 02-3675-5633, 070-8806-4052
팩스 02-766-4052
이메일 munin5633@naver.com
등록 2005년 3월 9일 제300-2005-34호
ISBN 978-89-6554-199-8 04810
ISBN 978-89-6554-118-9 (세트)

값 10,000원

이 도서의 국립중앙도서관 출판예정도서목록(CIP)은 서지정보유통지원시스템 홈페이지(http://seoji.nl.go.kr)와 국가자료공동목록시스템(http://www.nl.go.kr/kolisnet)에서 이용하실 수 있습니다. (CIP제어번호: CIP2019017016)